W0395099

ULRICH SCHAFFER *ich träume…*

ich träume...

um meine tiefen Wünsche zu spüren

ULRICH SCHAFFER

Fotokunst-Verlag Groh
Wörthsee bei München

© 1991 Fotokunst-Verlag Groh
Wörthsee bei München
Text, Fotos und Konzept: Ulrich Schaffer
Schriftgrafik/Umschlag: Friedrich Peter
ISBN 3-89008-772-8

Es gibt viele Arten zu träumen. Es gibt das Träumen als Flucht vor dem Leben, und es gibt das Gegenteil: das Träumen als kreative und visionäre Lebensbewältigung. Träumen ist eine lebensnotwendige Tätigkeit. Der Träumende ist der Hoffende, der sich nicht zufrieden gibt mit den Zuständen, der sich sein Leben nicht diktieren läßt von den Gegebenheiten, sondern nach Wegen und Möglichkeiten sucht, die Zustände zu verändern, zu verbessern. Zu träumen heißt, von einer inneren Sicht her zu leben, die aus einem Glauben an das Leben entsteht. Zu träumen heißt, das Leben noch offen zu sehen, nicht schon vorbestimmt, verschlossen, vorhersagbar. Zu träumen heißt, innere Kräfte zu mobilisieren. Im Träumen bleiben wir der erneuernden Kraft des Lebens nah.

Wer nicht mehr träumen kann, hat aufgegeben und ist dabei, sich an die Zustände zu gewöhnen und sich mit ihnen abzufinden, auch wenn sie lebenzerstörend sind. Wer nicht mehr träumen kann, hat sich und seine Zukunft aus der Hand gegeben und läuft nun Gefahr, sich von der Sicht anderer bestimmen zu lassen. Träumen heißt, das eigene Leben in der Hand zu behalten und es bunt zu gestalten.

Ich träume,
weil darin eine Lebenskraft liegt.
Ich träume nicht als Phantast,
der der wirklichen Welt entfliehen will,
nicht als einer, der das alltägliche Leben
nicht aushält und sich davonstiehlt,
sondern als einer, der daran glaubt,
daß jede wichtige Veränderung
mit einem Traum begonnen hat,
mit einer Vorstellung,
mit einem inneren Bild,
für das es sich zu leben lohnte.

Ich träume,
weil ich glaube,
daß in mir Schätze liegen,
an die ich gelangen möchte,
um sie zu heben.

Ich trage in mir
ein Stück der Lösung
der vielen Probleme der Welt.
Ich bin ein Stück des Puzzles.
Vielleicht bin ich das Wort,
das Bild, das Lächeln,
der Gedanke,
auf den jemand wartet,
durch den eine Sache
ins Leben tritt.

Ich werde gebraucht
mit meinem Traum,
den sonst niemand träumen kann.

Ich träume von dem Ende
der entwürdigenden Bevormundung,
an der Menschen zugrunde gehen,
weil sie von sich selbst abgeschnitten werden.
Ich weiß, daß letztlich kein Leben
mit dem anderen zu vergleichen ist,
weil eines jeden Menschen Leben
einmalig und zu respektieren ist.

Ich wünsche,
daß ich dies im Kern meines Wesens begreife
und es nicht nur als eine Regel verstehe,
nach der man zu leben hat.

Ich träume,
daß diese Wertschätzung
die Welt immer mehr umflutet
und wir alle
das Wunder des Menschseins
wie eine heilige Erkenntnis
in uns aufnehmen.

Ich träume davon,
daß es immer mehr Menschen gibt,
die es wagen, sich einander
über ihre Verletzbarkeit zu nähern.
Daß sie in dieser vermeintlichen Schwäche
die Stärke sehen,
welche Gemeinschaft möglich macht.

Ich träume,
daß wir uns einmal nicht mehr
hinter Mauern der Sicherheit flüchten,
aus Angst vor wirklicher Begegnung.
Daß wir wagen,
das Sanfte wieder zu entdecken
und ihm mehr Raum in unserem Leben geben.

Vielleicht wird es einmal eine Zeit geben,
in der wir begreifen,
daß uns nichts so trennt
wie die gespielte Stärke
und die vorgegebene Lässigkeit.

Wenn ich nur nach der Logik in mir gehe,
dann stirbt mein Traum schnell.
Dann entscheidet nur der Verstand,
der damit arbeitet, was er schon weiß,
was er erlebt hat, was logisch ist
und im Rahmen des Möglichen liegt.

Zu träumen heißt aber,
die bekannten Rahmen zu sprengen,
das Unmögliche zu denken
und sich für seine Verwirklichung einzusetzen.
Zu träumen heißt,
Wege durch unwegsames Gelände zu bahnen,
Straßen zu bauen
für den Verkehr mit Lebensgütern:
mit Hoffnung, Liebe und Glauben.

Ich träume,
daß wir alle wieder Träumer werden
und das nicht mehr belächeln,
was wir früher für verrückt hielten,
weil es jetzt
unter unseren Händen
zu der Wirklichkeit unseres Lebens wird.

Ich träume
von deiner und meiner Fähigkeit,
so zu träumen,
daß durch die Kraft unserer Träume
die Welt verwandelt wird,
unbeweisbar, unerklärlich,
aber doch spürbar, fest und bleibend.

Ich träume, daß wir,
gespeist von einer inneren Energie
und angeschlossen an Gottes Träume für die Welt,
größer denken, als man es uns gelehrt hat,
und das Wunder immer für möglich halten,
weil es nur dann geschehen wird.

Ich träume davon,
daß wir nicht mehr eine erste, zweite,
dritte und vierte Welt haben,
sondern nur noch eine Welt.
Daß wir verstehen und fühlen,
daß dieses kleine Raumschiff Erde
unser aller Heimat ist,
die es liebend zu erhalten
und zu pflegen gilt.

Ich träume davon,
daß eine Nation nicht mehr
auf Kosten einer anderen lebt.
Ich träume,
daß wir ein neues Teilen lernen,
nicht durch ein auferlegtes politisches System,
sondern weil wir im Herzen begriffen haben,
daß wir alle gleiches Recht
und gleiche Würde haben.

Ich träume von einer Welt
ohne Brutalität, ohne Vergewaltigung
des Körpers, der Seele oder des Geistes.

Ich träume davon,
daß Kinder nicht mehr
Erwachsene fürchten müssen,
daß es keine Folterung mehr gibt
zur Erpressung von Geständnissen,
daß politische Gefangene amnestiert werden.

Ich träume von einer Welt,
in der die Brutalität
auf sich selbst aufmerksam wird,
weil sie herausfällt aus dem Rahmen
der Liebe und des Lebensförderlichen.

Ich träume von freien Wahlen
in jedem Land der Erde,
von einem freien Austausch von Ideen,
von der Überwindung des ideologischen Hasses,
von der aufbauenden Freiheit des Geistes,
von der Ausbreitung der Sanftmut
und Gewaltlosigkeit.

Ich träume davon,
daß die Rüstungsgelder der Nationen
in die Beseitigung von Armut
und verhinderbaren Krankheiten
auf der ganzen Welt gesteckt werden.
Daß es kein Aufrüsten mehr gibt,
weil daran jeden Tag Tausende sterben,
auch wenn die geplanten Waffen
nicht gebraucht werden.

Ich träume davon,
daß Waffen überflüssig sind,
weil wir das Lieben gelernt haben
und Mauern überwinden,
die uns lange getrennt hielten.

Ich träume davon,
daß der Friede zwischen Menschen
nicht mehr gefährdet ist,
weil wir einander kennen und verstehen,
und daß wir merken,
daß Anziehung und Zuwendung
besser sind als Abwehr und Abschreckung.

Ich träume von einer Zeit,
in der wir keine Drogen mehr brauchen,
um „high“ zu sein.
Daß wir uns am Leben selbst so freuen können,
daß wir keine künstlichen Hilfsmittel mehr wünschen,
weil wir die Kleinigkeiten wieder neu entdecken
und sie sich auftun wie Schätze und Geheimnisse,
die wir vernachlässigt haben.

Ich träume von Einfachheit
inmitten der Komplexität.
Ich will nicht verlorengehen in Gedanken
und das Leben verpassen,
weil ich mich in Systeme eingeschlossen habe.
Ich will dem Leben erlauben,
mich direkt und unmittelbar zu berühren.

Ich träume von einer größeren Dichte
und ansteckenderen Lebendigkeit,
von Fantasie und Intensität
in der Gestaltung des Alltäglichen.

Ich träume meine eigene Zukunft.
Ich lasse meinen Gedanken nicht einfach freien Lauf,
sondern, wie ein Bildhauer,
bilde ich Form um Form
und befreie den Menschen, der ich sein kann,
aus dem Stück Fels.
Ich stelle mir vor, wie ich sein will.

Ich hämmere, stemme und schleife
die einzelnen Inhalte meines Lebens
aus dem großen, unförmigen Stein Zukunft.
Ich entwerfe mich mit Schatten und Licht,
mit Schwächen und Stärken,
mit Wegen, Hindernissen und Zielen,
in Erfolg und Verlust.
Ich erfinde mein zukünftiges Leben.

Und dann, in einer verwegenen Bewegung,
hole ich die Zukunft in die Gegenwart.
Zielstrebig lebe ich auf das zu,
was ich geträumt habe.
Ich mache meine Träume wahr,
weil ich am Ende meines Lebens nicht sagen will:
„Hätte ich doch ...“.

Ich träume von einer Zeit,
in der wir als ganze Kultur verstehen,
daß der Tod ein Teil des Lebens ist,
und kein Kult der Angst
mehr um den Tod gemacht wird.

Ich träume, daß wir das Sterben
schon mitten im Leben lernen
wie eine Kunst.
Und daß die Gräber
nicht mehr Orte des Trauerns sind.
Ich wünsche mir eine reife Sterbebegleitung,
Worte von Menschen, die das Sterben
weder beschönigen noch verdrängen.

Ich träume,
daß ich so zu Hause bin in meinem Leben,
in meinem Körper,
in meiner Seele und in meinem Geist,
daß ich merke, wenn es Zeit ist,
loszulassen und weiterzugehen.

CHIEF
W. BRADLEY

Ich träume von einer Zeit,
wo sich niemand mehr verstecken muß
wegen seiner Hautfarbe, seines Glaubens
oder wegen seiner Volkszugehörigkeit,
weil wir diese oberflächlichen
und vordergründigen Unterteilungen
überwunden haben
und gelernt haben, tiefer zu sehen.

Ich träume,
daß wir stärker denn je
mit dem Herzen sehen lernen
und so unsere Blindheit füreinander überwinden.

Ich wünsche mir,
so durchsetzt von meinen Träumen zu sein,
daß Hoffnungslosigkeit und Zynismus
keine Chance mehr haben, mein Leben zu bestimmen.
Ich will in der Tiefe meines Wesens
überzeugt von der Kraft des Lebens sein
und gerade so fähiger werden,
das Schwere und die Not um mich
anzuerkennen und ernst zu nehmen.

Ich träume davon,
daß heilendes Leben von mir ausgeht,
daß ich Entspannung verbreite,
daß meine Träume ansteckend wirken
und sich eine Verschwörung Liebender bildet,
die nicht bereit sind,
die Welt untergehen zu lassen.

Ich träume von der Integration
von Körper, Seele und Geist in unserer Kultur
und will lernen, bei mir zu beginnen.
Zu lange ist das eine oder andere
schlechtgemacht worden.
Wir haben nur gedacht und nicht mehr gefühlt,
wir haben nur gefühlt und nicht mehr überlegt.
Wir haben unseren Körper vergessen
und ihn erst wieder bemerkt, als er krank wurde.
Wir haben unsere Seele überfordert
und wußten nicht mehr, was wir wirklich wollten.
Wir sind einseitig geworden
und haben dabei unsere innere Harmonie verloren.

Ich träume davon,
daß es nicht mehr nötig ist,
eine Seite von uns
gegen eine andere auszuspielen,
das eine auf Kosten des anderen zu leben.
Ein jeder von uns ist Körper, Seele und Geist,
und nur wenn wir alle drei in Einklang bringen,
können wir gesunden und fähiger sein,
uns den dringlichen Problemen der Welt zuzuwenden.

Ich träume von Inseln der Menschlichkeit
in dem Meer der Härte und Gleichgültigkeit.
Ich träume von Menschen, die etwas einsetzen,
um anderen ein würdiges Leben zu ermöglichen.
Ich träume von angstfreien Räumen
und mutmachenden Gedanken.
Ich träume von Häusern, Wohnungen und Zimmern,
in denen mit Zeit und Liebe
Menschen gefördert werden,
die sonst in unserer Welt wenig zählen.

Es genügt nicht,
über die Dunkelheit zu klagen.
Es ist nötig, ein Licht zu sein.
Es genügt nicht,
auf die anderen zu warten;
jeder von uns ist aufgerufen,
den ersten Schritt zu wagen,
echter und menschlicher zu werden.
Es ist nicht genug, nur zu träumen,
wenn das Leben uns die Möglichkeiten bietet,
unsere Träume zu verwirklichen.

Ich träume von einem Qualitätssprung
der Menschheit, von einem Abstreifen
des Alten und Ausgedienten,
damit wir lernen, uns zu öffnen
für die ungeahnten Möglichkeiten der Zukunft.

Ich träume davon,
daß wir die Muster unserer Vorfahren,
die uns jetzt zerstören, ablegen,
daß wir Konflikte nicht mehr mit Kriegen lösen,
daß wir uns als solidarisch
mit allem Lebendigen verstehen,
damit unter unseren Händen nicht weitere
Pflanzen- und Tiergattungen aussterben,
daß wir unsere Gier nach Haben umwandeln
in Sehnsucht nach einem tieferen Sein.
Ich träume davon, daß wir zu den Augen,
Füßen und Händen Gottes werden
und aus einem veränderten Herzen
eine neue Welt schaffen.

Schon sind die ersten neuen Menschen unter uns,
bald werden es viele sein.

Ich träume von einer Art Solidarität,
bei der wir einander frei lassen
und doch füreinander einstehen.

Es ist schwer, ganz allein
den eigenen Weg zu gehen,
gegen Energien und Stimmen,
die das Gegenteil betonen.
Es ist schwer, ein Außenseiter zu sein
und nicht an sich selbst zu zweifeln,
noch durchzuhalten gegen die Übermacht
einer anderen Meinung.

Wir brauchen einander,
nicht um uns hintereinander zu verstecken,
nicht um uns vor dem Schweren zu drücken,
sondern um die eigene Energie zu entdecken
und ihr zu trauen.

Ich träume von einem Verständnis
zwischen uns beiden,
das tiefer reicht
als das übliche Begreifen
und kopflastige Verstehen.

Ich wünsche mir,
dich so zu verstehen,
wie du dich selbst verstehst,
in deine Haut zu schlüpfen.
Eine Stunde, einen Tag lang
du zu sein,
um dich nicht immer wieder
mit meinem Maß zu messen
und nach meinen Werten einzuordnen.

Ich träume davon,
dein Wesen
mit meinem ganzen Wesen
zu verstehen.

Ich träume
von dem Wachstum unserer Liebe.
Ich glaube nicht, daß mit der Zeit
die Liebe schwächer werden muß,
weil wir uns aneinander gewöhnt haben.
Ich glaube, daß wir uns auch nach Jahren noch
in der Tiefe unseres Wesens berühren können,
daß wir uns gegenseitig noch aufwühlen können
mit dem Zauber des Unbekannten,
dem wir im anderen begegnen.

Ich träume nicht von einer Rückkehr
in die verklärte Zeit unserer ersten Liebe,
wohl aber von einer Vertiefung
und neuen Erfüllung unserer Liebe.
Ich will die noch größere Breite des Liebens
mit dir erleben.
Ich will noch staunen können
über die Tiefe des gemeinsamen Weges
und über die Fülle der Erlebnisse.
Willst du mit mir den Traum verwirklichen?

Ich träume davon,
daß wir beide so frei sind,
daß wir einander weder bekriegen wollen
noch es nötig haben,
um uns selbst unseren Wert zu geben.

Daß du deinen Weg gehst
und ich meinen,
daß wir nicht aneinander zerren,
einander nicht zu manipulieren versuchen,
sondern daß sich unsere Wege immer wieder kreuzen
und wir ein Stück zusammen gehen,
austauschen von Herz zu Herz,
von Kopf zu Kopf,
von Körper zu Körper,
aber ohne den Zwang und Druck,
gleicher Meinung zu sein,
gleich zu erleben
und alles miteinander zu teilen.

Ich will deine Entfaltung nicht behindern,
und ebenso hoffe ich,
daß du an meiner Entfaltung Freude hast,
auch wenn es manchmal schmerzen mag.

Ich träume von dir,
nicht wie ich dich haben möchte,
nicht von dem Ideal, das du sein könntest,
nicht von Perfektion im Körper,
im Geist und in der Seele,
sondern wie du bist.
Ich träume von dir,
mit deinen Unvollkommenheiten,
deinen Fehlern, deinen Eigenarten,
mit deiner angstmachenden Andersartigkeit.

Ich träume von dir,
nicht um dich zu verändern,
nicht um im Vergleich besser dazustehen,
nicht um dir etwas zu sagen,
sondern weil ich gern von dir träume.
Nicht weil ich dich brauche,
sondern weil ich gerne an dich denke.

Ich träume davon,
daß wir es schaffen,
unsere Unterschiedlichkeit
wie ein kostbares Geschenk zu sehen
und nicht wie eine Gefährdung,
gegen die wir uns wehren
und verteidigen müssen.

Wir haben beide daran gelitten,
daß wir manchmal füreinander
nur noch Herausforderung waren.
Wir haben versucht,
dem Schmerz aus dem Weg zu gehen
oder ihn zu verschweigen.
Jetzt träume ich davon,
daß wir es aushalten,
weil wir an nichts so gereift sind
wie an der Fremdheit des anderen,
auf die wir uns immer wieder eingelassen haben.

Ich träume,
daß wir es schaffen,
daß wir jetzt ernten,
was wir manchmal mit Tränen gesät haben.

Ich träume
von einer größeren Leichtigkeit
in unserer Beziehung,
von der Fähigkeit, entspannter zu lachen,
uns nicht so verbissen durchzusetzen,
eher loszulassen, uns mehr zu freuen,
nicht so nachzutragend zu sein
und nicht so hilflos,
wenn der eine für den anderen
mal nicht da ist.

Entspannt, aber doch entschieden
will ich mir diesen Traum erfüllen.

Ich träume nicht,
daß wir zusammen Romeo und Julia sind
oder Abaelard und Heloise,
nicht Hero und Leander
oder die zwei Königskinder.

Ich träume von einer uns ganz eigenen Tiefe,
die es noch nicht gab,
nicht vom Rausch der ersten Liebe,
nicht vom Sterben füreinander,
sondern vom noch schwereren Leben
auf dem Grat zwischen
Aufopferung und Herausforderung.

Ich träume
von reifen Formen des Liebens,
die sich nicht mehr in Worte fassen lassen,
ich träume von Mustern,
aus reifer Sehnsucht geboren.

Ich träume
von einer mystischen Verbindung mit dir,
von der Gegenwart Gottes
im Zentrum unserer Liebe,
damit unsere Fantasie für die Verwandlung der Welt
grenzenloser wird
und wir neue Wege
aus der Hoffnungslosigkeit finden.

Ich träume davon,
daß unsere Liebe dazu beiträgt,
daß die Welt erhalten bleibt
und das kostbare Leben weitergeht,
daß an der Ausstrahlung unserer Liebe
Menschen gesunden
und das Wesen der Liebe sichtbarer wird.

Ich träume davon,
daß wir die Liebe schälen wie eine Frucht,
an ihren Kern gelangen und diesen einpflanzen.
Dann wird Liebe aufgehen
für die Ernte einer verwandelten Zukunft.

Grunderfahrungen des Menschseins

Diese Bücher befassen sich mit den Grunderfahrungen des Menschseins: Suchen, Wagen, Staunen – Leiden, Hoffen, Lieben – Feiern, Träumen, Kämpfen. Es vergeht kaum ein Tag, an dem wir uns nicht in ihrem Bereich bewegen. Ich habe versucht, ihre Inhalte in Worte zu fassen, sie greifbarer zu machen, bewußter mit ihnen umzugehen.

Was suchen wir eigentlich? Was gilt es zu wagen, damit wir erfüllter leben können? Wie können wir lernen, die Welt um uns wieder zu feiern? Wovon träumen wir, und gelingt es uns, diese Träume zu verwirklichen, oder leiden wir nur unter ihnen?

In dieser Buchreihe will ich versuchen, das, was wir oft nur unklar in uns fühlen, sichtbar werden zu lassen. Ich hoffe, daß sich Leserinnen und Leser in manchen dieser Gedanken wiedererkennen und so sich selbst und andere besser verstehen lernen.

Meine Fotos sollen dazu beitragen, diese Wege ins eigene Leben und Denken besser zu finden. Bilder sprechen manchmal direkter als Worte.

Der Aufbau eines jeden Bandes dieser Buchserie ist so, daß in der ersten Hälfte die allgemeinen Texte zu finden sind, während sich die Texte der zweiten Hälfte auf die Beziehungen zwischen zwei Menschen konzentrieren.

Ich wünsche meinen Leserinnen und Lesern – ob sie nun nur einen Text, einen Band oder die ganze Serie lesen und betrachten, daß sie sich selbst dabei ein wenig näherkommen und ermutigt werden, aktiver an der Gestaltung ihres eigenen Lebens mitzuwirken.

Ulrich Schaffer

Ulrich Schaffer wurde 1942 in Pommern geboren, wohnt aber schon seit 1953 in Kanada. Nach dem Studium arbeitete er von 1970 bis 1981 als Dozent für europäische Literatur an einem College bei Vancouver. Seit 1981 ist er freiberuflich Schriftsteller und Fotograf. Er ist verheiratet und hat zwei Töchter.

Es gibt von ihm fünfzig Bücher, von denen zwanzig Bildbände sind. Die Gesamtauflage seiner Bücher beträgt inzwischen weit über eine Million.

Ulrich Schaffer ist meistens zweimal im Jahr zu Lesungen in Europa, weil es ihm wichtig ist, den direkten Kontakt mit seinen Lesern zu halten.

Ulrich Schaffer schreibt aus seinem Erleben heraus und reicht so in das Erleben anderer hinein. Ihm geht es immer wieder um die Fragen, die die meisten Menschen bewegen: Was ist der Sinn? Wie kann ich lebendig leben? Wie finde ich den Weg zum andern? Diese Buchserie ist ein Ausdruck der Beschäftigung mit solchen Fragen. Bis jetzt sind folgende Titel erschienen:

ich suche...	*Zum Herzen des Lebens vordringen*
ich wage...	*Etwas einsetzen, um Leben zu gewinnen*
ich staune...	*Das Wunder des Lebens entdecken*
ich leide...	*und entdecke die tiefere Bedeutung*
ich hoffe...	*und verschlossene Türen tun sich auf*
ich liebe...	*und die Welt entfaltet sich*
ich feiere...	*um mein Glück zu leben*
ich träume...	*um meine tiefen Wünsche zu spüren*
ich kämpfe...	*für eine bessere Welt*